PHILODENDRON SELLOUM

Les plantes poussent. Mais ce n'est pas aussi simple qu'il y paraît. Pour réaliser ce livre, il nous a fallu contacter des experts, sélectionner de grandes plantes, repérer les lieux appropriés et enfin, détail à ne pas négliger, choisir des pots parmi les plus actuels. Ce projet fut pour nous un véritable défi dans la mesure où, jusqu'à présent, peu d'attention avait été portée à l'utilisation des grandes plantes dans l'architecture d'intérieur.

Conscients de ceci, nous avons décidé d'être créatifs et d'essayer d'apporter des idées nouvelles. Je voudrais remercier Medi pour le stylisme, Joop pour sa connaissance des plantes, et Dolf pour son calme derrière l'objectif. Merci aussi à tous les professionnels qui nous ont apporté leur concours pour réaliser ce travail.

Sander Kroll

Poterie décorative
Terreau
Pot de culture
Soucoupe étanche

Aglaonema
Alocasia amazonica
Asparagus falcatus
Bambusa ventricosa
Bambusa vulgaris 'Vittata'
Beaucarnea recurvata

Epipremnum aureum

Préface

Ce livre a été conçu à partir des deux éléments importants de ma vie – mon origine hollandaise et mon amour pour les grandes plantes tropicales.

Les magnifiques photographies qui illustrent ce livre donnent un sens artistique à cette élégante composition de la nature. Elles montrent toute l'inspiration que la variété des formes architecturées, des silhouettes et des motifs que l'on peut obtenir à partir des plantes tropicales.

Les plantes peuvent transformer l'ambiance et le caractère de la plus modeste maison de campagne, ou de bureaux grisâtres, en quelque chose de très original, allant de l'atmosphère épurée « ultra-moderne » à celle de la plus luxuriante des « jungles ».

J'aime ces plantes. Le fait qu'elles débarquent sur nos côtes en provenance des lieux les plus exotiques du monde, alimente les rêves et ajoute à leur pouvoir de séduction. La plupart d'entre elles peuvent, avec un peu d'attention, s'adapter à nos intérieurs européens. Elles devraient stimuler l'imagination des designers et des architectes, les inciter au « penser plantes », et permettre ainsi de développer la compréhension du public sur l'importance de leur rôle.

Malheureusement ma vieille ferme des Cornouailles est totalement inadaptée aux plantes tropicales, étant à la fois froide et sombre. Néanmoins la vie offre des petites compensations et mon travail sur le Projet Eden m'a donné la possibilité de m'émerveiller devant la plus grande variété de plantes exotiques jamais rassemblée en Europe. J'ai le plaisir de recommander ce livre à tous les amoureux des plantes qui ont l'ambition d'acquérir la « main verte ». Autrement pour ceux qui n'ont pas encore été atteint par le virus, il pourrait se l'offrir comme une prescription.

Tim Smit

Cofondateur du Projet Eden

Restaurateur du Lost Gardens of Heligan

MONSTERA DELICIOSA

Une ambiance dans chaque pièce de la maison ...

Pour faire face aux contraintes de la vie moderne, nous avons besoin de recréer des espaces de paix et de tranquillité. La maison n'a jamais été aussi importante. Il est essentiel que notre cadre de vie soit conçu pour que nous puissions en profiter à chaque instant de la journée. La décoration intérieure est une source durable de plaisirs dans laquelle créativité et audace peuvent produire des effets étonnants.

L'une des façons les plus efficaces pour créer une atmosphère reposante est d'utiliser des grandes plantes. Par leur volume elles produisent une impression d'espace et de calme. Elles font par ailleurs rêver à des contrées lointaines. Les grandes plantes donnent le ton et apporte la touche finale à chaque intérieur. Que l'on recherche un effet « romantique » ou plus dépouillé, tous les effets sont possibles.

Choisir une grande plante est une affaire sérieuse. Bien qu'elles soient muettes, les plantes expriment des exigences auxquelles il faut répondre. Leur entretien demande de la sensibilité et une bonne connaissance de leurs besoins. La relation que l'on entretien avec une plante n'est toutefois pas éternelle. Le temps peut nécessiter un changement de décor. Cela pourra être une nouvelle plante ou plus simplement un changement de poterie pour une plante qui nous est devenue familière.

La façon innovante et professionnelle avec laquelle les grandes plantes sont présentées dans ce livre offre une abondance d'idées nouvelles.

Moderne avec une touche de nostalgie.

La couleur verte et chaude du Ficus elastica 'Décora' contraste élégamment avec les ombres froides de la pièce. Cette plante massive avec ses feuilles épaisses est revenue à la mode. Elle est extrêmement résistante et nécessite une taille régulière.

Phoenix roebelenii

L'Extrême Orient paraît tout proche. Le temps n'a pas d'importance. L'allure de ce majestueux Phoenix roebelenii est sans limite. En simple tronc ou en multi-troncs c'est un des palmiers les plus répandus. Son tronc est aussi intéressant que son léger feuillage, qui reste sensible aux parasites.

Musa 'Purple Rain

Le feuillage robuste de ce bananier pourpre possède un rayonnement peu commun. La plante crée à elle seule une atmosphère exotique dans cet environnement lumineux. Cette variété particulière de bananier à besoin de beaucoup d'espace pour se développer et reste sensible aux acariens.

Simplement beau ...

Dans leur simplicité, les poteries s'harmonisent parfaitement avec ce bananier exceptionnel et leurs courbes répondent naturellement à celles du feuillage. C'est comme si elles savaient que rien de très élaboré n'est nécessaire quand il s'agit de mettre en valeur l'essentiel.

Schefflera arboricola

Johannesteijsmannia

La lumière joue dans le feuillage du Schefflera arboricola. Son caractère lâche et nonchalant adoucit l'austérité. Avec sa grande envergure, il est comme une source débordant de vitalité dans la maison, où il peut vivre longtemps avec une bonne lumière.

'Altifrons'

Licuala grandis

Ce palmier exotique, qui marie force et fragilité, fait vagabonder notre esprit du côté des chaudes soirées d'été. Le bord de ses feuilles virent parfois au brun, comme elles le font à l'état sauvage. Il reste d'une maintenance délicate et nécessite une atmosphère humide.

Bambusa vulgaris 'Vittata'

L'espace intérieur est vaste et lumineux. Le plus important ici est une simple plante, Bambusa vulgaris 'Vittata'. Sa seule finalité est d'être beau. Et même si la plante peut perdre quelques feuilles de temps en temps, elle va vous procurer un immense plaisir. Ce bambou demande beaucoup d'eau en été.

Le bambou ventricosa, si mystérieux avec son tronc fascinant, contribue à créer une atmosphère sereine. Il nécessite une hygrométrie élevée et, comme tous les bambous sur terrasse ou en atrium, une plantation en jardinières parfaitement étanches pour éviter la prolifération de ses rhizomes.

Ficus binnendijkii 'Alii'

Avec sa forme, ses lignes et ses couleurs, Ficus benjamina 'Alii' donne un ton naturel aux intérieurs. Ses feuilles élégantes attirent le regard et ses racines aériennes intriguent. C'est parmi les nombreuses variétés de ficus, celle qui s'adapte le mieux à une luminosité moyenne.

Pachira aquatica

Le Pachira aquatica vient d'Amérique du Sud.

Cette plante robuste peut s'adapter pratiquement partout.

Avec son tronc stylisé et torsadé elle embellira n'importe quelle pièce bien éclairée de la maison.

Cissus capensis

Dans un hall d'entrée, cette plante captera les premiers rayons du soleil au printemps. Le Cissus capensis accueille chaleureusement les visiteurs. C'est une plante d'apparence robuste, mais d'un caractère doux qui appartient à la famille des vignes et demande chaleur et attention. Elle nécessite un tuteurage et s'adapte aux endroits de moindre luminosité.

Caryota mitis

Observer un Caryota mitis est toujours une expérience fascinante. Ses palmes sont caractérisées par la forme particulière de ses folioles, qui lui ont valu le nom de « palmier queue de poisson ». C'est un palmier exigeant en éléments nutritifs.

Dracaena 'Compacta'

Facile à vivre, le Dracaena fragans 'Compacta' a un port original et se développe faiblement. C'est une plante qui poussera partout, même là où la lumière ne pénètre que faiblement.

Cycas revoluta

Si vous souhaitez apporter une touche tropicale à votre intérieur, choisissez un Cycas revoluta. Cette plante a une allure unique, avec un aspect symétrique et compact. Sa croissance est très lente et sa nouvelle frondaison a un développement spectaculaire.

Dracaena surculosa

Zamioculcas zamiifolia

Des feuilles denses et robustes qui scintillent comme les perles les plus précieuses. La beauté du Zamioculcas zamiifolia est captivante. Originaire de Madagascar, cette plante est particulièrement appréciée pour son aspect décoratif et sa robustesse. Elle s'adapte bien aux lieux de luminosité moyenne.

PHILODENDRON SELLOUM

Cette large poterie vernissée en forme d'œuf met en évidence à la perfection ce Philodendron selloum au feuillage découpé. C'est une plante robuste et maîtresse si on l'utilise en atrium.

Schefflera actinophylla 'Amate'

En extérieur, il peut atteindre 30 m de haut, mais en intérieur, cet arbre en forme d'ombrelle, d'origine indonésienne, connaît ses limites. Ses feuilles originales en forme de main se développent très rapidement.

Sansevieria trifasciata 'Laurentii'

La Sansevière est certainement la plante la plus facile à entretenir. Combiner cette plante classique avec une poterie cylindrique moderne, lui donne un aspect très contemporain. C'est une plante drageonnante qui est peu exigeante et craint simplement le froid et les excès d'arrosage.

VAN
VAN

Anthurium

La nature est une source inépuisable d'inspiration pour l'aménagement de chaque pièce de la maison. Ainsi les plantes de la véranda s'harmonisent avec celles du jardin en répondant à leurs différentes nuances de vert. Les fleurs rouge vif de l'Anthurium contrastent chaleureusement avec le feuillage.

Tettrastigma voinierianum

Le Tettrastigma est une plante agile. Bien que son feuillage monte à la verticale, il s'en dégage une atmosphère apaisante. Extrêmement volubile cette plante grimpante s'adapte particulièrement bien aux « murs verts » en s'aidant de ses vrilles.

ANTHURIUM

Tetrastigma voinierianum

Une explosion de verdure à la fenêtre. Asparagus falcatus est un ensemble d'innombrables petites feuilles effilées. Cette plante pousse aussi bien en potée traditionnelle qu'en hydroculture. Pour qu'elle puisse donner le meilleur d'elle-même, il est préférable de l'exposer en pleine lumière.

La beauté, l'élégance et la force de l'Howea, plus connu sous le nom de Kentia, sont inégalables. Ce palmier originaire de l'île Lord Howe au large de l'Australie, est très populaire depuis le siècle dernier. Il prospère en atmosphère sèche, même avec peu de lumière, et nécessite un minimum de soins et d'attention.

Howea forsteriana

Ficus lyrata

Deux véritables petits arbres pour vous accueillir dans la maison. L'effet décoratif est évident. Le contraste entre les feuilles raides et lustrées et la couleur foncée des poteries l'accentue. Cette espèce de ficus, aux feuilles larges et régulières, n'aime pas le soleil direct et est sensible aux cochenilles.

La véritable beauté vient de l'intérieur. Ce papyrus se dresse fièrement dans la lumière du jour, tandis que ses tiges plongent profondément dans l'eau. Originaire d'Égypte, il servait à faire du papier dès 2750 avant J.C. Utilité et beauté vont de paire pour cette plante qu'il faut toujours maintenir humide.

CYPERUS PAPYRUS

Différents styles se mélangent dans cette pièce. Le Dracaena apporte sa touche de couleur gaie. Originaire d'Afrique tropicale cette plante est très graphique, avec ses longues feuilles rayées de vert clair, de jaune et de blanc. Assez rustique elle se développe facilement par rejet sur les troncs.

Dracaena 'Yellow Stripe'

Les feuilles en forme de cœur de l'Alocasia amazonica sont spectaculaires. Leur développement est particulièrement rapide en hydroculture et il apprécie les substrats légers et riches. Sa toxicité, en cas d'ingestion de ses feuilles, freine son utilisation dans les lieux publics.

Alocasia x amazonica

Phoenix roebelenii

Apprenez à connaître les différents « visages » de cet impressionnant Phoenix roebelinii. En simple tronc ou en multi-troncs, avec ses branches pleines de grâce, il est partout à sa place. Ce palmier prolifique et robuste d'Extrême Orient va parfaitement bien au milieu d'une pièce richement décorée, comme au centre d'un bureau.

Pandanus utilis

Observer le palmier à vis, Pandanus utilis, est toujours une expérience fascinante. Son mode de croissance est des plus inhabituels : les feuilles se développent vers le haut en tournant comme une vis sans fin. Mais attention, l'apparence attractive de ses bords rouges, révèle le côté très piquant de la plante si on la touche. (Voir aussi p. 65).

Yucca elephantipes

L'un des joyaux les plus connus de la riche flore mexicaine. Une poterie en terre cuite lui convient parfaitement. Les troncs adultes ou âgés sont particulièrement décoratifs. Disponible en de nombreuses variétés, le Yucca elephantipes, est une plante extrêmement rustique. Un choix idéal pour tout type d'intérieur.

Chrysalidocarpus lutescens

Aglaonema 'Mary Ann'

Epipremnum aureum

POLYSCIAS FRUTICOSA

Un sentiment de paix et d'harmonie pénètre dans la pièce. Le temps n'a plus d'importance.

Le Polyscias a un port buissonnant et délicat. De par sa forme raffinée et exceptionnelle, il ressemble tout à fait à un bonsaï. Bien le former nécessitera des tailles régulières.

Beaucarnea recurvata

C'est une plante de contraste à la fois robuste et frêle, l'effet est accentué chez ce Beaucarnea recurvata, originaire du Mexique. S'adaptant à des lieux disposant d'une lumière modérée, il supporte assez bien la sécheresse.

Dracaena reflexa 'Song of India'

C'est le plus coloré des Dracaenas. Il laisse souvent apparaître ses branches à travers le feuillage. C'est une plante qui aime la lumière et nécessite des tailles occasionnelles.

Dracaena reflexa 'Song of Jamaica'

Cette variété a un port beaucoup plus compact. C'est une plante qui vit longtemps. Dans un intérieur lumineux, elle se développe aussi bien que dans son milieu naturel.

FICUS BENJAMINA 'EXOTICA'

Medinilla magnifica

Medinilla magnifica est une plante qui accroche le regard. Sa féminité, accentuée par sa merveilleuse floraison, en fait un joyaux parmi les plantes à fleurs. Elle est malgré tout assez difficile à entretenir.

Cocos nucifera

L'exotisme n'est pas nécessairement cher! Le cocotier le prouve. C'est une des espèces les moins coûteuses. Ses longues feuilles sortent directement de la noix. Il sera néanmoins difficile de le garder très longtemps dans nos intérieurs.

Dracaena fragrans 'Massangeana'

Le Dracaena fragrans 'Massangeana' est une plante originaire d'Afrique tropicale. Ses larges feuilles offrent un dégradé de vert et de jaune. Elle est disponible en bouture de tête ou avec des pousses latérales sur des troncs plus anciens.

DRACAENA - 'WARNECKEI'
- 'LEMON LIME'
- 'JANET CRAIG'

MASCARENA LAGENICAULUS

La combinaison de ces différentes variétés de Dracaena deremensis permet de créer un effet de jardin intérieur. À la fois semblables dans leur forme et diverses dans la coloration de leur feuillage, elles illustrent ce qu'il est possible de faire avec les quelque 150 variétés de Dracaena et un peu d'imagination.

Dracaena marginata 'Bicolor'

Ce Dracaena développe en même temps des feuilles ocre rouge et vert jaune, d'où son nom de « bicolore ». Dans ce panier tressé, on assurera l'étanchéité en utilisant des bacs intérieurs adaptés.

ECHINOCACTUS GRUSONII

Ferocactus townsendianus

Ils aiment la lumière et sont avares d'arrosage. Tous ceux qui aiment les cactus vont adorer ce Ferocactus. Avec ses épines rougeoyantes et particulièrement fortes, sa silhouette est exceptionnelle. Il préfère les pots en terre cuite.

L'Echinocactus grusonii, plus connu sous le nom de « coussin de belle-mère », de forme parfaitement ronde, peut atteindre un diamètre de 120 cm. Il est ici mis en valeur dans une poterie surdimensionnée.

Pachycereus pringlei

MUSA NANA

DÉCORATIVES ET FONCTIONNELLES ...

Une atmosphère différente, plus naturelle, envahit le lieu de travail. Ce ne sont pas des nouveaux mobiliers ou des équipements high-tech mais simplement des plantes imposantes, de grande taille. Quel que soit leur emplacement, elles créent une ambiance à elles seules. Désormais dans de nombreux pays européens, il serait impensable de dessiner des espaces de travail sans de grandes plantes d'intérieur. De nombreux architectes incluent maintenant des plantes dans leur concept. Et cela, non pas pour les seules raisons d'esthétisme, mais aussi pour les effets bénéfiques des plantes.

Les grandes plantes diminuent les tensions de la vie contemporaine. Nos agendas sont pleins. Nous courrons de réunion en réunion. Les facteurs de stress sont nombreux. Les grandes plantes nous offrent la possibilité de nous arrêter et de réfléchir. Il n'est pas surprenant que des recherches aient démontré que les plantes avaient un effet positif calmant dans l'environnement de travail. Le stress est diminué et l'efficacité s'en trouve améliorée. Le simple fait de regarder une grande plante procure un sentiment de relaxation et de bien être.

Par ailleurs, les plantes contribuent à créer un environnement de travail sain. Elles augmentent, par exemple, l'humidité dans des bureaux secs et purifient l'air de substances toxiques telles que le formaldéhyde. De nombreux hôpitaux renommés utilisent des plantes dans leur architecture d'intérieur. Peu à peu la conscience de leur utilité sur les lieux de travail progresse.

Des producteurs nationaux ou étrangers de grandes plantes ont bien répondu à cette demande de produits destinés à de grands bureaux ou à des sites industriels. La gamme de plantes s'est considérablement étendue pour offrir des variétés qui poussent avec peu de lumière ou dans des conditions climatiques difficiles. Les pages suivantes montrent de nombreux exemples des possibilités actuelles.

CODIAEUM

Originaire d'Asie, les formes multicolores de Codiaeum sont cultivées dans toutes les régions tropicales du monde. Cette plante capricieuse ne supporte pas les courants d'air ni les fortes variations de température. Plus connu sous le nom de croton ses couleurs vont du rouge au vert en passant par le jaune.

Dizygotheca elegantissima

Le bac est massif et les feuillages sont élégants. Placez le Dizygotheca elegantissima, originaire de Nouvelle Calédonie, dans un endroit clair en évitant le plein soleil. Plus il grandira, plus il développera des feuilles de plus en plus longues. Il est gourmand en éléments nutritifs en période estivale.

Washingtonia robusta

Imposant, captivant, irrésistible, le Washingtonia robusta attire naturellement l'attention. C'est comme si l'on s'était réveillé dans un autre monde où les gens étaient soudain devenus minuscules et les plantes gigantesques. Ce palmier de grande taille a un tronc qui peut atteindre 1 m 50 de diamètre. Les paysagistes surveilleront particulièrement le développement des acariens sur ces palmiers.

Pandanus utilis

De forme hélicoïdale, avec le bord de ses feuilles rouge, son allure est inhabituelle. Originaire des côtes de Madagascar, il a besoin de beaucoup d'espace pour se développer. Le Pandanus est partiellement épineux (voir p. 41) et doit être installé dans des lieux adaptés.

Podocarpus latifolius 'Maki'

D'aspect original, le Podocarpus a un port élancé et un feuillage aéré, d'un vert intense.

Sa structure compacte nous rappelle certains arbres d'extérieur. Il convient très bien aux endroits frais et aérés.

Rhapis excelsa

Formant toujours une touffe, cette plante, originaire d'Asie, possède un feuillage palmé qui lui donne beaucoup de légèreté. Rhapis excelsa a été très apprécié pendant de longues années. Il affectionne les lieux frais et une bonne humidité.

Ficus microcarpa 'Compacta'

Le Ficus 'Compacta' est originaire de Malaisie. Sa forme naturelle est mise en valeur par le bac stratifié bleu. Dans la grande famille des Ficus, cette variété est facilement acclimatable et adaptée au paysage d'intérieur.

Ficus microcarpa 'Green Gem'

Phoenix roebelenii

Cet imposant Phoenix roebelinii, confortablement installé dans une

superbe poterie, apporte de la vie dans un hall d'entrée.

Les visiteurs apprécieront cet ensemble attrayant.

Comme les autres espèces de phoenix, le Phoenix roebelinii garnit la

base de ses palmes de pinnules acérées.

Ficus microcarpa

Avec ses feuilles plus épaisses, d'un vert intense, le Ficus microcarpa dispose d'une frondaison plus dense que le traditionnel Ficus benjamina. Actuellement souvent disponible sur tronc, il donne le sentiment d'une grande rigueur ; mais il peut aussi être cultivé sous forme arbustive.

Ficus benjamina 'Peel Kroon'

Strelitzia nicolai

Ce Ficus benjamina en forme de bonsaï nécessite une intervention régulière de taille pour laisser les troncs apparents. En atmosphère sèche, il appréciera des vaporisations.

Polaskia chichipe

Un décor tout en simplicité et en puissance. Polaskia chichipe réclamera beaucoup de lumière et peu d'attention. On espacera les arrosages.

Veitchia merrillii

Le Veitchia merrillii ou adonidia existe en simple tronc ou en touffe. Le plus souvent cultivé en Floride, c'est une des plantes maîtresses des aménagements paysagers modernes. Ces plantes de cinq mètres de haut dominent l'environnement. Plantées dans le sol, elles sont totalement intégrées et sont le centre d'intérêt de toute l'architecture du lieu.

OLEA EUROPAEA

Quand la lumière traverse le feuillage des oliviers, nos pensées, détournées un instant de leurs préoccupations immédiates, se mettent à vagabonder vers le sud. Pour être installé à l'intérieur d'un bâtiment, l'olivier réclamera un lieu frais et aéré. Une grande attention devra être portée à l'hygrométrie de son feuillage dans les premiers temps qui suivront son acclimatation.

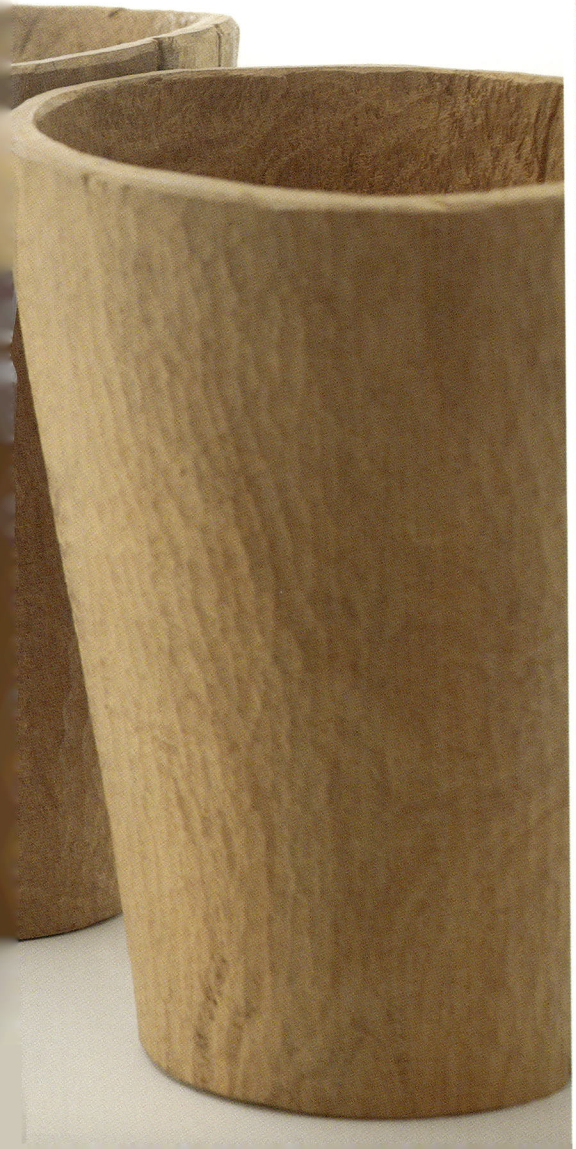

YUCCA ROSTRATA

Cette composition montre comment la plante la plus dépouillée peut avoir une présence exceptionnelle.

Le Yucca rostrata reste un végétal capricieux et délicat. C'est l'invité des décors éphémères.

Ficus benjamina 'Exotica'

Le Ficus est un choix idéal dans les environnements de bureaux. Son tronc peut être remarquablement tressé et ouvert. Ici, il s'intègre particulièrement bien à l'aspect naturel du mobilier et au bac de même style.

Yucca elephantipes

N'oubliez pas le robuste et puissant Yucca elephantipes. C'est l'une des plantes les plus populaires dont la maintenance est aisée dans un environnement de travail. Ses ramifications peuvent être particulièrement compactes sur des sujets âgés.

Beaucarnea recurvata

Originaire du Mexique, le Beaucarnea recurvata peut atteindre 4 à 5 m de haut. Les sujets plus petits sont courants et très rustiques. C'est un partenaire fidèle dont la finesse des feuilles contraste avec la rudesse de la base de son tronc.

Citrofortunella microcarpa

Les calamondins ont besoin de beaucoup de lumière et d'un intérieur frais et aéré l'hiver, afin d'effectuer un repos végétatif. L'utilisation de telles variétés fait appel à une bonne connaissance des plantes d'orangeries.

Ficus benjamina 'exotica', Bougainvillea, Citrofortunella

Faire une pause, apprécier les petits moments de relaxation, seul ou avec un collègue. Les différentes plantes créent ici une atmosphère douce, malgré le volume de l'espace. Prêt pour un départ dynamique après avoir repris des forces.

Ficus benjamina 'Danielle'

Ficus benjamina 'Exotica'

Phyllostachys aurea

Terrasses et patios
Le plaisir de vivre à l'extérieur ...

La terrasse est superbe. Chaque saison a son charme. Durant les chaudes soirées d'été, on peut s'y relaxer avec des amis jusqu'à une heure avancée de la nuit, ou bien juste écouter le bruissement de la brise. Les chatoyantes couleurs de l'automne n'en finissent pas de passer et nous donnent de la force pour affronter l'hiver. Le printemps y est perceptible dès les premiers rayons du soleil, et nous annonce le retour des beaux jours ...

Les plantes sont évidemment indispensables aux jardins, aux terrasses et aux vérandas. Elles permettent de créer des atmosphères particulières. Exotiques, apaisantes, énergiques, les plantes donnent leur caractère aux lieux. Deux plantes semblables dans des poteries simples mais imposantes donnent, par exemple, un aspect majestueux à une porte d'entrée.

Il y a bien sûr des modes et des tendances dans l'utilisation des plantes d'extérieur. Parmi toutes celles-ci, le buis est une des rares à ne pas s'être démodée. Depuis des siècles, les jardiniers et les architectes ont été inspirés par ses variétés et ses formes. Ses infinies possibilités de transformations nous étonnent encore aujourd'hui. Il n'est pas de terrasse où le buis n'est pas à sa place.

Chamaerops humilis

Exubérant et modeste à la fois. Ses feuilles palmées sont adoucies par des tons vert bleuté. Originaire du Bassin méditerranéen, le Chamaerops humilis donne à cette terrasse une atmosphère méridionale. C'est un palmier compact buissonnant, sans tronc, extrêmement rustique.

Murraya paniculata

Les Murraya paniculata s'harmonisent parfaitement bien avec la silhouette de ces poteries dans cet endroit frais et reposant. Au printemps, le parfum de ses fleurs blanc crème, nous prépare aux belles journées d'été.

Olea europaea

L'olivier doit être en situation ensoleillée. Une poterie en terre cuite le mettra particulièrement bien en valeur. Les formes conduites sur tronc, ou même palissées, sont de plus en plus fréquentes chez les producteurs.

Metrosideros

Le feuillage argenté et les fleurs rouge flamboyant, à l'époque de la floraison, du Metrosideros s'accordent bien avec un pot en terre cuite. Avec l'olivier, sur la gauche, il forme une combinaison harmonieuse.

Bougainvillea glabra

Avec son tronc original, cette bougainvillée est particulièrement attrayante. La vraie fleur, jaune, se situe à l'intérieur des bouquets de « feuilles » mauves que l'on nomme « bractées ». N'oubliez pas de la protéger des froids hivernaux.

Le buis, dont les feuilles sont persistantes, est une valeur sûre qui trouvera partout sa place. Depuis des siècles, les jardiniers et les architectes exercent sur lui leur créativité. Il nous surprend encore par son étonnante malléabilité. Les nombreuses formes sous lesquelles il est disponible, très appréciées par les acheteurs avisés, expliquent sa popularité toujours renouvelée. Le buis est devenu, ces derniers temps, une des plantes à feuillage persistant les plus appréciées sur les terrasses.

Buxus

Tout est possible avec le buis. On peut lui donner un aspect totalement différent en le taillant en forme de boule ou en lui donnant la silhouette d'une pyramide. Le buis est beau dans une poterie en terre cuite, comme dans un bac en acier. Il peut donner un style à l'environnement sans perdre son identité. Tout ce dont il a besoin, c'est d'une ou deux tailles annuelles. En fait sur une terrasse ou dans un jardin, un buis est toujours indispensable.

Musa nana

Le bananier commun donne une ambiance tropicale à la maison. Sa croissance est rapide, pour peu que ses grandes feuilles disposent de suffisamment d'espace et de lumière. Une terrasse ensoleillée, une véranda spacieuse, une grande baie vitrée ou bien une pièce lumineuse et aérée lui convien-dront bien. En bac, il faudra l'arroser abondamment et veiller à ce que le pot soit suffisamment grand.

Pittosporum tobira
'Nana'

Ficus carica

Le dessin subtil de cette poterie, met en valeur les feuilles brillantes et épaisses du Pittosporum tobira 'Nana'. Bien que restant compact, il grandit en s'étalant. Toute terrasse y gagnera par sa présence plaisante et modeste, particulièrement au printemps, lorsque ses charmantes petites fleurs blanches éclosent. Veillez à le protéger du gel.

Du récipient à la poterie d'art ...

Le pot est complémentaire de la plante. Un mauvais choix peut déséquilibrer l'ensemble et « tuer » la plante. Heureusement, les possibilités sont innombrables. Les jardineries, les fleuristes et les paysagistes d'intérieur offrent une très large gamme de bacs et pots de toutes formes, tailles et matières pour s'adapter à chaque plante, à chaque style et à chaque lieu.

À une époque encore récente les bacs n'avaient que peu d'importance. On se satisfaisait de placer une soucoupe sous le pot plastique fourni par le magasin. Mais depuis quelques années, le pot joue un rôle de premier ordre. On s'est rendu compte que les plantes étaient mises en valeur lorsqu'elles étaient placées dans le bon contenant et que les bacs ou poteries contribuaient pour une large part à l'ambiance générale du décor.

Les fabricants ont répondu avec créativité. Désormais, il y a des pots pour chaque style, goût et gamme de prix. Tout est possible dans les styles modernes, classiques ou simplement fonctionnels. Les poteries peuvent transformer une pièce en en changeant complètement l'atmosphère. La terre cuite donne un style méditerranéen, les céramiques une touche d'Extrême orient, alors que l'aluminium s'adapte mieux à un intérieur professionnel.

Les poteries sont entrées dans l'ère du stylisme. Il y a abondance de créations originales qui reflètent les dernières tendances de la décoration d'intérieur, comme le jeu des contrastes entre le sombre et le clair, le petit et le grand. Un petit cactus rond dans un pot surdimensionné sera, par exemple, très actuel (voir p. 56). La simplicité et le dépouillement sont également de mise. Le pot n'est pas là pour attirer l'attention sur lui-même, mais pour mettre en valeur et révéler « l'âme » de la plante.

Terre cuite

Beauté éternelle. La terre cuite nous enchante depuis des siècles. Sa couleur dépend de l'origine de l'argile, qui provient parfois de la mer ou d'une rivière. Les poteries grecques étaient gris pâle, les italiennes d'une couleur plus saumonée. Les poteries en terre cuite sont légèrement poreuses, c'est pourquoi il faut les rendre étanches pour une utilisation en intérieur.

Céramiques

Les poteries en pierre traditionnelle ou en céramiques ont toujours été populaires. On peut choisir entre des pièces uniques faites à la main ou d'autres, presque parfaitement régulières, faites à la machine. Pour une utilisation en intérieur des poteries faites à la main, il est nécessaire de les rendre étanches ou de prévoir l'utilisation d'une soucoupe.

Matériaux naturels

Les paniers d'osier ou les bacs en bois ont une beauté naturelle. Ils s'adaptent parfaitement aux plantes. Dans un jardin, ils se foncent très bien dans la verdure. En intérieur, ils donnent une touche rustique attrayante. Il faut leur mettre une bâche spéciale, suffisamment épaisse, à l'intérieur pour éviter les fuites et leur dégradation.

Aluminium et acier inox

Les bacs en aluminium et inox résistent au temps et sont très diversifiés ; ils existent avec une finition mate, brossée ou polie. Pas de problème de choix ! Il y en a de toutes les formes et de toutes les tailles, avec et sans roulettes. Certains, assez chers, sont particulièrement bien adaptés aux environnements de bureaux. Ils ont une durée de vie quasiment illimitée …

SYNTHÉTIQUES

Simples et avant tout efficaces, les bacs en polyester ou en PVC sont les plus courants. Par opposition aux poteries plus naturelles, ceux-ci sont parfaitement étanches à l'eau. On peut choisir parmi une très grande variété de couleurs et de tailles, que les fabricants proposent en fonction des dernières tendances de la décoration d'intérieur.

GRANDES PLANTES ... DERRIÈRE LES COULISSES

Origines

Les grandes plantes tropicales que l'on trouve aujourd'hui en Europe, sont originaires des pays de la planète au climat chaud et humide. Certaines graines sont arrivées sur les côtes, poussées par les courants marins ; mais la plupart ont été ramenées par des explorateurs ou des amateurs passionnés, sous forme de graines ou de boutures qu'ils replantèrent chez eux afin d'étudier leur développement et les multiplier. Avec le temps il est devenu évident qu'à côté de leur multiplication en serre, il était aussi possible de les importer de différents pays tropicaux où elles trouvent des conditions naturelles favorables à leur croissance.

Production

L'Amérique Centrale, dans les pays allant du Costa Rica à la Floride, est l'une de ces régions. Des millions de grandes plantes y sont produites chaque année. Ceci n'est pas étonnant, car tout au long de l'année les caractéristiques du sol et du climat sont idéales pour une production rapide. Les exportations de grandes plantes étaient pratiquement inconcevables il y a encore trente ans, et les producteurs cultivaient principalement pour leurs marchés locaux. Tout a changé avec le développement des transports maritimes et aériens vers l'Amérique du Nord et l'Europe. Dans ces pays, depuis le 19ème siècle, les milieux aisés aimaient apporter une touche d'exotisme tropical à leurs intérieurs. Ainsi est né le concept des grandes plantes comme valeur ajoutée à l'architecture d'intérieur. Le développement de la production et des transports a permis à tous de profiter de ces plantes.

Contrôle

De nombreuses plantes importées en Europe proviennent des pépinières d 'Amérique Centrale et de Floride. Le Sud de la Floride étant l'un des plus gros producteur. Contrairement à ce que beaucoup de gens croient, aucun végétal n'est prélevé dans la nature elle-même. Cela a parfois été le cas mais aujourd'hui les législations ont été renforcées et sont strictement respectées. Les contrôles sont un élément important du processus complet de production et d'exportation.

Exportation

Avant l'export, la qualité est strictement contrôlée. On s'assure aussi qu'il s'agit de la bonne variété. Les pathologistes phytosanitaires vérifient l'état sanitaire des plantes et contrôlent tout phénomène pouvant affecter la qualité du végétal. Des échantillons de sol sont parfois analysés. Lorsqu'une expédition de plantes a été approuvée, elle reçoit le certificat sanitaire exigé pour le commerce international des grandes plantes. A leur arrivée en Europe, les plantes sont à nouveau contrôlées pour éviter l'intrusion de maladies ou d'insectes.

Transport

Il est connu que les grandes plantes sont sensibles au transport sur de longues distances. La durée des voyages peut varier de 2 jours à 3 semaines. C'est pourquoi les producteurs et les exportateurs prennent de nombreuses mesures pour les protéger. Elles sont emballées avec soin et les aires de frêt sont équipées d'air conditionné et de chauffage. L'humidité ambiante y est aussi régulée. Certaines espèces de petites plantes, plus délicates, sont transportées par avion car elles ne résistent pas longtemps à l'obscurité. Les grandes plantes, de 1,5 m à 12 m, sont généralement plus résistantes. Placées dans des containers étanches et à température fraîche et constante, elles sont transportées par cargos.

À L'Arrivée

Lorsqu'une grande plante arrive en Europe, elle a besoin de s'acclimater à son nouvel environnement qui est complètement différent de celui de son pays d'origine. Elle ne peut pas être placée directement dans un bâtiment. Elle doit être placée auparavant dans une serre d'acclimatation pendant une période déterminée. En fait, des mesures sont déjà prises avant l'exportation pour permettre aux plantes de s'adapter aux conditions de leur future demeure. Les palmiers et ficus de Floride sont, par exemple, placés sous des ombrières en plein air avant d'être expédiés. Ces structures avec des plafonds en nylon sombre, permettent aux plantes de s'habituer à une luminosité plus faible. En Europe, les acclimateurs rempotent les plantes dès leur arrivée car un nouveau compost permet de stimuler une nouvelle croissance. De nouvelles racines et de nouvelles feuilles se développent ainsi. Cette période d'acclimatation en serre peut varier de un à huit mois. C'est seulement après cette période que la plante est acclimatée et prête à être vendue au public.

Diversité de l'offre

Le nombre de grandes plantes disponibles sur le marché a considérablement augmenté dans les trente dernières années. C'est le résultat de nouvelles méthodes de culture, d'emballage et de techniques d'expédition, ainsi que de la demande grandissante pour des plantes originales. De nouvelles variétés sont aussi régulièrement apparues sur le marché. Il y a quinze ans, un ficus au tronc torsadé était inimaginable, alors qu'aujourd'hui on en voit couramment dans de nombreux intérieurs. Avant tout, le nombre de plantes résistantes à une faible luminosité a considérablement augmenté. Les producteurs d'Amérique Centrale tout comme ceux d'Asie ont répondu à cette demande. Des plantes telles que le Rhapis excelsa (page 68) avec ses magnifiques feuilles palmées, le Dracaena reflexa (pages 48-49) avec ses tiges très ramifiées et le Ficus benjamina 'Danielle' (page 90) avec son aspect compact et ses feuilles d'un vert profond, sont juste quelques exemples de l'enrichissement qui s'est produit dans la gamme des plantes aujourd'hui disponibles.

Soins et entretien ...

Il y a différentes façons de cultiver des plantes en pots. Elles peuvent simplement être placées sur une soucoupe dans leur pot d'origine ou bien dans des grands bacs étanches. Néanmoins d'autres méthodes de culture offrent de nombreux avantages. L'hydroculture et les cultures en « semi-hydro » permettent d'économiser du temps et des efforts. Un arrosage toutes les deux ou trois semaines est alors suffisant et les engrais peuvent être apportés directement dans l'eau d'arrosage. Ces méthodes favorisent la croissance du système racinaire.

La plupart des grandes plantes disponibles sur le marché sont fournies dans un substrat traditionnel, mais de nombreuses plantes sont également proposées en hydroculture. Dans ce cas, des billes d'argile expansée remplacent le substrat. Ci dessous, les méthodes de soins et d'entretien sont décrites pour des plantes en terre (système traditionnel et semi-hydro) ou des plantes en hydroculture.

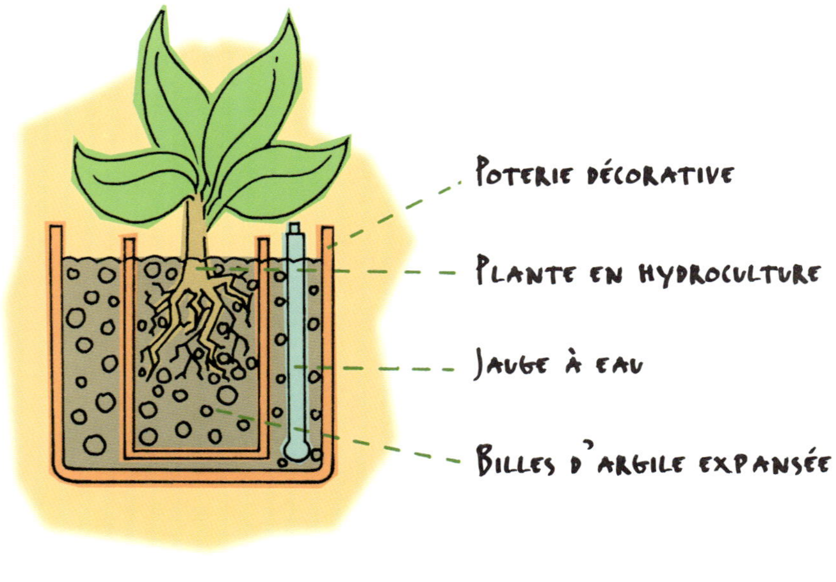

Hydroculture

Les plantes sont placées dans des pots uniquement remplis de billes d'argile expansée. Préalablement le producteur a débarrassé les racines de tout substrat terreux par un lavage. Il n'y a donc plus de terre et les racines se développent entre les billes d'argile. Il y a beaucoup de place pour l'eau autour des billes d'argile, c'est pourquoi un seul arrosage est suffisant toute les 3 ou 4 semaines. Il est facile de contrôler le niveau d'eau dans le réservoir en observant le niveau de la jauge.

Méthode semi-hydro

Cette méthode combine culture en terre et hydroculture. Les plantes développent leurs racines dans la terre. Une couche de billes d'argile expansée constitue un réservoir d'eau dans le fond du pot, séparée de la terre par un feutre poreux. Les radicelles traversent le feutre, ce qui leur permet de puiser leurs éléments nutritifs, non seulement dans la terre, mais aussi dans l'eau au fond du bac. La jauge de niveau d'eau indique la quantité d'eau restant dans la réserve.

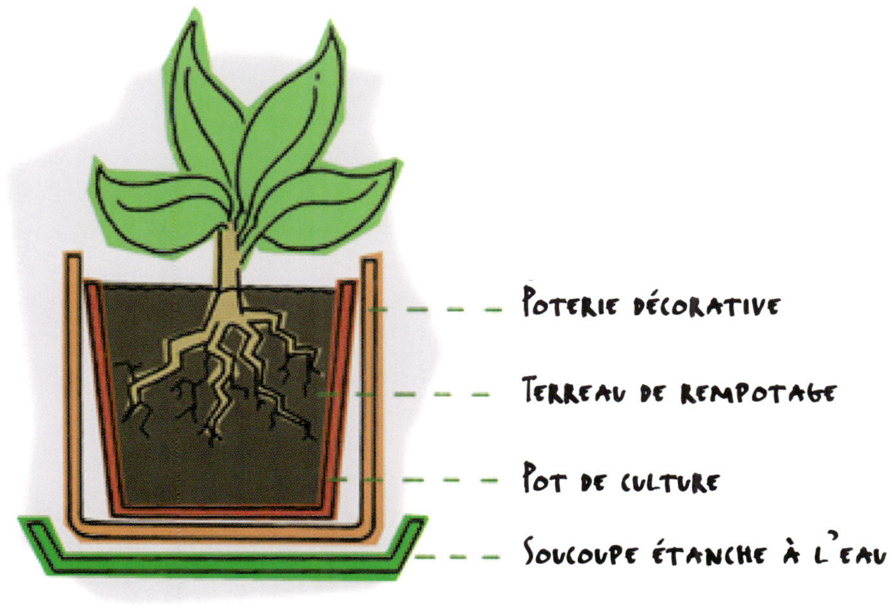

Méthode de culture en terre

Avec cette méthode simple, la plante pousse en terre dans un pot étanche à l'eau. La plante ne dispose pas de réservoir d'eau, ce qui nécessite de l'arroser au moins une fois par semaine. Trop ou trop peu d'eau a un effet immédiat sur la croissance et la qualité de la plante.

Fiches de culture

d'un coup d'œil...

Notre but était de faire un livre qui soit non seulement beau mais aussi utile, un livre auquel on puisse également se référer pour trouver des informations pratiques.

Cette partie est donc un récapitulatif des plantes mentionnées dans les chapitres précédents, plus quelques plantes complémentaires, sous formes de fiches où figurent leurs noms, photos, exigences culturales (lumière, arrosage, température) et autres particularités, ainsi que les formes et les hauteurs disponibles dans le commerce. Une définition des icônes utilisées est donnée sur la page ci-contre. Le cas échéant, la page du livre où la plante figure en photo est indiquée. Les plantes sont présentées à côté d'une chaise qui donne l'échelle.

Toutes les plantes répertoriées sont disponibles dans le commerce spécialisé ou par l'intermédiaire des paysagistes d'intérieur mentionnés dans ce livre.

Légende des symboles

Intensité lumineuse nécessaire:

bonne

moyenne

faible

Hauteur:

en cm

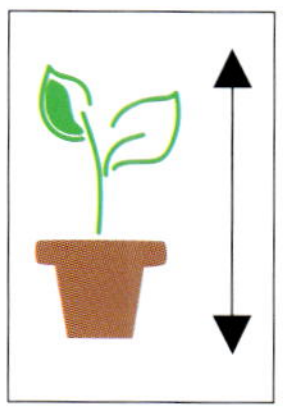

Formes disponibles:

fleurie

buissonnante

en touffe

ramifiée

simple tronc

multi-troncs

sur tuteur

grimpante/retombante

tronc droit

tronc tressé

tronc spiralé

tronc ouvert

Plantes vertes

Aglaonema

Aglaonéma

voir page 42

Lumière : faible
Arrosage : modéré
Température : mini 15 °C
Points particuliers : plante à feuillage bicolore adaptée aux lieux ayant une faible luminosité.

30-70 cm

Alocasia x amazonica

Alocasia, Taro géant

voir page 39

Lumière : bonne
Arrosage : maintenir humide
Température : mini 15 °C
Points particuliers : feuille fragile contenant des substances toxiques. Plante au développement spectaculaire. Substrat léger et riche.

50-150 cm

Asparagus falcatus

Asparagus

voir page 34

Lumière : moyenne
Arrosage : à maintenir humide
Température : mini 5 °C
Points particuliers : très volubile et épineux.

30-150 cm

Bambusa ventricosa

Bambou « ventre de Bouddha »

voirpage 17

Lumière : bonne
Arrosage : maintenir très humide
Température : mini 5 °C
Points particuliers : affectionne une hygrométrie élevée, système racinaire très puissant qui doit être parfaitement contrôlé. Chute de feuilles régulières. Interdit sur terrasses en dehors de bacs isolé et étanches.

50-300 cm

Bambusa vulgaris 'Vittata'

Bambou

voir page 16

Lumière : bonne
Arrosage : copieux
Température : mini 5 °C
Points particuliers : affectionne une hygrométrie élevée. Système racinaire puissant à contrôler. Chute de feuilles régulières. Interdit sur terrasses en dehors de bacs isolés étanches.

50-600 cm

Beaucarnea recurvata

Beaucarnéa, Pied d'éléphant

voir pages 47, 86, 87

Lumière : moyenne
Arrosage : faible, surtout sans excès.
Température : mini 10 °C
Points particuliers : supporte assez bien la sécheresse.

50-300 cm

Caryota mitis

Palmier « queue de poisson »

voir page 22

Lumière : moyenne à bonne
Arrosage : moyen
Température : mini 10 °C
Points particuliers : apprecie les apports d'engrais.

50-800 cm

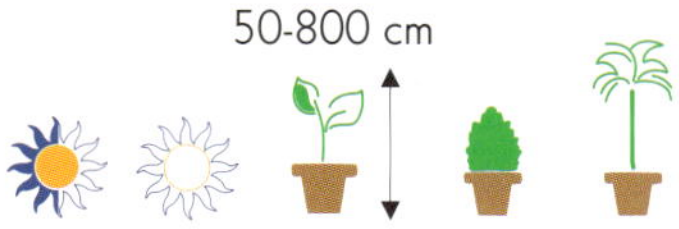

Chamaedorea seifritzii

Chamaedorea

Lumière : moyenne
Arrosage : moyen et régulier
Température : mini 10 °C
Points particuliers : risque de pucerons et d'acariens si atmosphère chaude et sèche.

125-200 cm

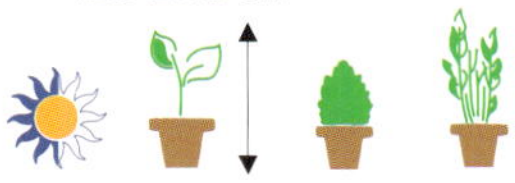

Chrysalidocarpus lutescens

Areca

voir page 42

Lumière : moyenne à bonne
Arrosage : moyen et régulier
Température : mini 15 °C
Points particuliers : plante sensible à la sécheresse, ses feuilles vertes virent au jaune doré en cas de forte exposition au soleil.

100-600 cm

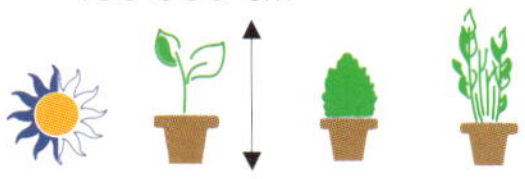

Cissus capensis

Vigne vierge d'intérieur

voir page 20

Lumière : faible à moyenne
Arrosage : modéré et régulier
Température : mini 15 °C
Points particuliers : plante verte grimpante.

150-200 cm

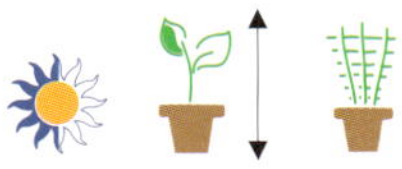

Cocos nucifera

Cocotier

voir page 52

Lumière : bonne
Arrosage : moyen
Température : mini 10 °C
Points particuliers : plante se développant difficilement. Il est très difficile de lui fournir suffisamment de lumière et de chaleur en conditions normales d'appartement.

150-600 cm

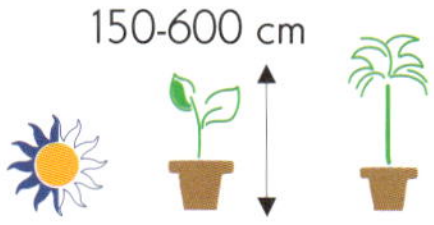

Codiaeum

Croton

voir page 62

Lumière : bonne
Arrosage : moyen et régulier
Température : mini 15 °C
Points particuliers : plante intéressante pour son feuillage coloré, n'aime pas les courants d'airs.

100-200 cm

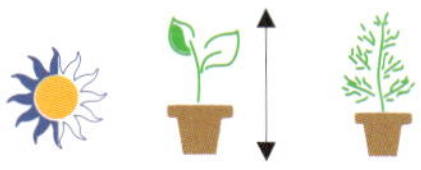

Cycas revoluta

Cycas du Japon

voir page 24

Lumière : bonne
Arrosage : modéré et régulier
Température : mini 5 °C
Points particuliers : croissance très lente en intérieur, feuillage fragile au moment de l'apparition des jeunes feuilles. Développement spectaculaire des feuilles.

30-400 cm

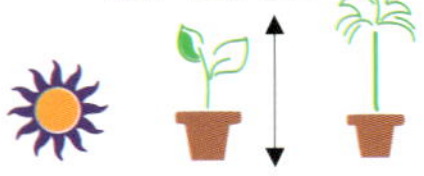

Cyperus papyrus

Papyrus

voir page 37

Lumière : bonne, éviter le plein soleil
Arrosage : copieux, toujours humide
Température : mini 5 °C
Points particuliers : le rhizome ne doit pas être inondé.

100-200 cm

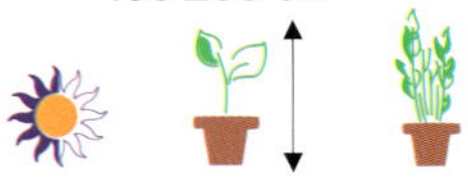

Dizygotheca elegantissima

Faux aralia

voir page 63

Lumière : bonne sans soleil direct
Arrosage : modéré et régulier
Température : mini 15 °C
Points particuliers : craint les courants d'air. A tailler régulièrement.

100-400 cm

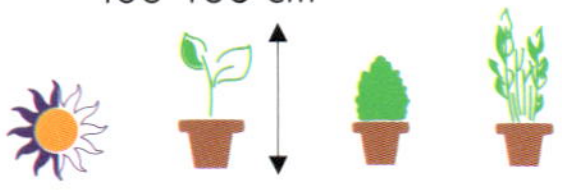

Dracaena fragans

Dragonnier

Lumière : moyenne
Arrosage : modéré à faible selon la luminosité
Température : mini 15 °C
Points particuliers : supporte une faible luminosité, plante résitante.

100-400 cm

Dracaena fragans 'Compacta'

Dragonnier 'Compacta'

voir page 23

Lumière : moyenne
Arrosage régulier : et moyen
Température : mini 10 °C
Points particuliers : plante à faible développement, port intéressant.

100-160 cm

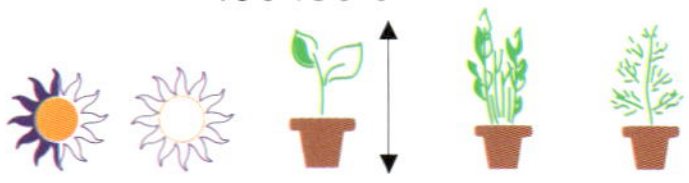

Dracaena fragans 'Janet Craig'

Dragonnier 'Janet Craig'

voir page 54

Lumière : moyenne
Arrosage : régulier et modéré
Température : mini 10 °C
Points particuliers : réunit les avantages des Dracaenas ; résistant et s'adapte aux faibles luminosités.

100-200 cm

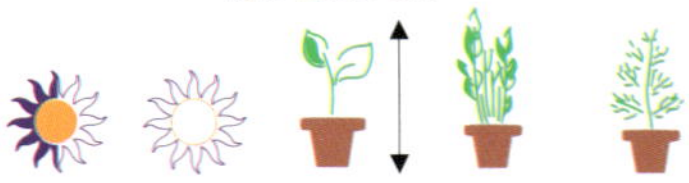

Dracaena fragans 'Lemon lime'

Dragonnier 'Lemon lime'

voir page 54

Lumière : moyenne
Arrosage : n'aime pas les excès d'eau
Température : mini 15 °C
Points particuliers : intéressant par le contraste des couleurs de son feuillage

100-220 cm

Dracaena fragrans 'Massangeana'

Dragonnier 'Massangeana'

voir page 53

Lumière : moyenne
Arrosage : régulier sans excès
Température : mini 15 °C
Points particuliers : feuillage bicolore

100-300 cm

Dracaena fragans 'Steudneri'

Dragonnier 'Steudneri'

Lumière : bonne
Arrosage : moyen n'aime pas les excès.
Température : mini 10 °C
Points particuliers : à tailler régulièrement pour favoriser de nouvelles pousses.

70-200 cm

Dracaena marginata

Dragonnier de Madagascar

Lumière : moyenne
Arrosage : modéré n'aime pas les excès.
Température : mini 15 °C
Points particuliers : plante érigée à feuillage fin et souple.

80-400 cm

Dracaena reflexa 'Song of India'

Pléomèle 'Song of India'

voir page 48

Lumière : bonne
Arrosage : moyen n'aime pas les excès.
Température : mini 10 °C
Points particuliers : à tailler régulièrement pour favoriser de nouvelles pousses.

80-400 cm

Dracaena reflexa 'Song of Jamaica'

Pléomèle 'Song of Jamaica'

voir page 49

Lumière : bonne à moyenne
Arrosage : moyen suivant la luminosité
Température : mini 10 °C
Points particuliers : à tailler régulièrement Pour favoriser de nouvelles pousses.

80-400 cm

Epipremnum aureum
Scindapsus

voir page 43

Lumière : moyenne à faible
Arrosage : régulier sans excès
Température : mini 10 °C
Points particuliers : plante à tuteurer, feuillage très décoratif et résistant.

40-300 cm

Ficus benjamina 'Danielle'
Figuier pleureur

voir page 90

Lumière : bonne lumière nécessaire
Arrosage : fréquent sans excès
Température : mini 10 °C
Points particuliers : n'apprécie pas le changement brusque de température. Néanmoins le plus résistant des Ficus benjamina.

100-300 cm

Ficus benjamina 'Exotica'
Caoutchouc des jardins, Figuier éxotique

voir pages 50, 84, 89, 91

Lumière : bonne luminosité éxigée
Arrosage : fréquent sans excès
Température : mini 10 °C
Points particuliers : supporte la taille pour créer des formes variées. port arborescent.

50-1000 cm

Ficus binnendijkii 'Alii'

voir page 18

Lumière : s'adapte a une luminosité moyenne
Arrosage : régulier sans excès
Température : mini 10 °C
Points particuliers : feuille allongée rappelant celle du bambou.

60-500 cm

Ficus lyrata
Figuier lyre

voir page 36

Lumière : moyenne en évitant le soleil direct
Arrosage : fréquent sans excès
Température : mini 10 °C
Points particuliers : grande feuille fragile. Plante sensible à la cochenille et à tailler régulièrement.

100-500 cm

Ficus microcarpa
Ficus nitida

voir page 74

Lumière : moyenne à bonne
Arrosage : régulier sans excès (moins fréquent que le benjamina)
Température : mini 10 °C
Points particuliers : feuille plus épaisse et brillante. Taille facile pour des formes arborescentes ou topiaires.

100-600 cm

Howea forsteriana

Kentia

voir page 35

Lumière : Bonne à moyenne, pas de soleil direct
Arrosage : régulier, à maintenir humide.
Température : mini 10 °C
Points particuliers : le plus résistant des palmiers d'intérieur, ne supporte pas les atmosphères sèches. Port exceptionnel sur tronc pour les sujets agés.

60-500 cm

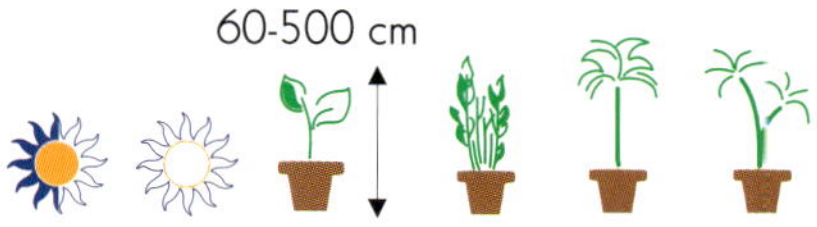

Licuala grandis

Licuala à grandes feuilles

voir page 15

Lumière : bonne, pas de soleil direct
Arrosage : sans excès
Température : mini 15 °C
Points particuliers : exige une atmosphère humide, plante délicate.

80-250 cm

Livistona chinensis

Palmier éventail de Chine

Lumière : bonne
Arrosage : sans excès, éviter le dessèchement de la motte
Température : mini 10 °C
Points particuliers : plante à large développement sensible aux acariens

80-600 cm

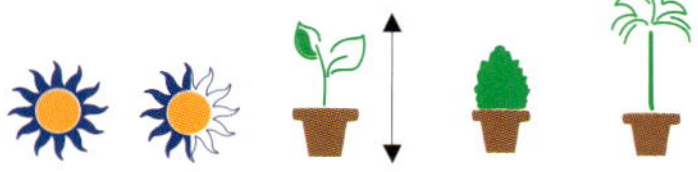

Monstera deliciosa

Philodendron

voir page 6

Lumière : bonne à moyenne
Arrosage : régulier
Température : mini 15 °C
Points particuliers : plante à tuteurer. pulvérisation du feuillage appréciée.

100-220 cm

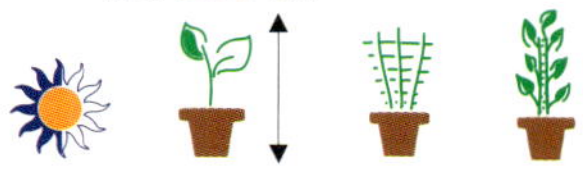

Musa nana

bananier

voir pages 60, 104

Lumière : bonne
Arrosage : abondant et fréquent
Température : mini 15 °C
Points particuliers : feuillage fragile à large développement, nécessite de larges contenants. Sensible aux acariens.

70-300 cm

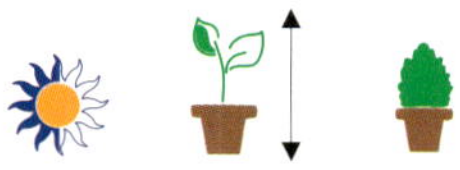

Pachira aquatica

Pachira aquatica

voir page 19

Lumière : bonne
Arrosage : fréquent sans excès
Température : mini 15 °C
Points particuliers : croissance rapide. Plante intéressante par le travail des troncs tressés

50-250 cm

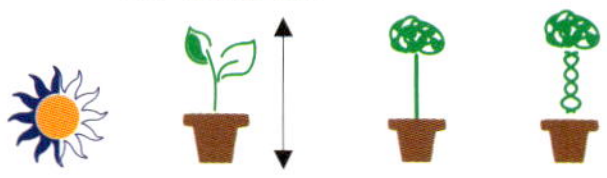

Philodendron selloum

voir page 26

Lumière : bonne à moyenne
Arrosage : fréquent selon luminosité
Température : mini 10 °C
Points particuliers : plante volumineuse et extrêmement robuste. Plante tapissante en patios.

80-200 cm

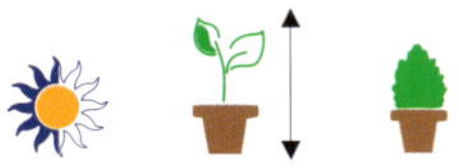

Phoenix canariensis
Dattier des Canaries

Lumière : supporte le plein soleil et la faible luminosité
Arrosage : aime l'eau mais bonne résistance à la sécheresse
Température : mini 0 °C
Points particuliers : plante encombrante avec des épines à la base des feuilles. A éviter dans les lieux de passage. Apprecie une vaporisation des feuilles.

80-400 cm

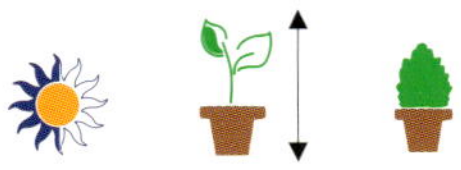

Phoenix roebelenii
Dattier du Laos

voir pages 10, 40, 73

Lumière : bonne à moyenne
Arrosage : régulier sans excès
Température : mini 5 °C
Points particuliers : feuillage très souple et tronc très intéressant. Très sensible aux parasites.

80-400 cm

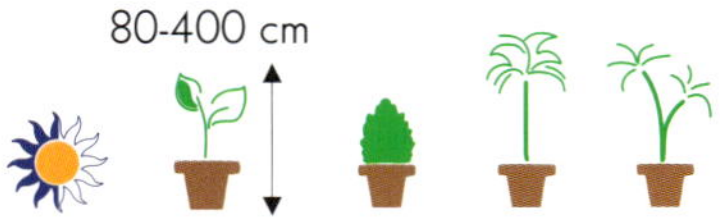

Podocarpus latifolius 'Maki'
Podocarpus

voir pages 66, 67

Lumière : bonne sans soleil direct
Arrosage : maintenir humide
Température : mini 5 °C
Points particuliers : plante délicate aimant les atmosphères fraîches. Acclimatation difficile.

80-300 cm

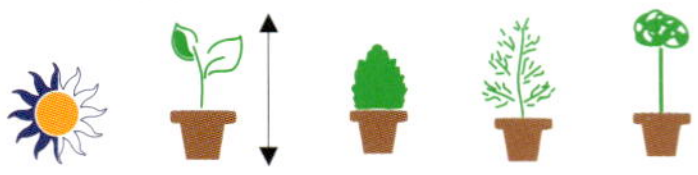

Polyscias fruticosa
Aralia Ming

voir page 45

Lumière : moyenne à bonne
Arrosage : régulier sans excès
Température : mini 10 °C
Points particuliers : port buissonnant et original avec un feuillage fin nécessitant des tailles.

100-200 cm

Rhapis excelsa
Rhapis

voir page 68

Lumière : moyenne
Arrosage : maintenir humide
Température : mini 10 °C
Points particuliers : affectionne les endroits frais, port en touffe.

50-300 cm

Sansevieria trisfasciata 'Laurentii'

Sansevière, Langue de belle-mère

voir page 29

Lumière : faible
Arrosage : peu exigeante, sensible aux excès.
Température : mini 10 °C
Points particuliers : Plante drageonnante très résistante.

50-120 cm

Schefflera actinophylla 'Amate'

Arbre ombrelle

voir page 27

Lumière : moyenne
Arrosage : régulier sans excès.
Température : mini 10 °C
Points particuliers : plante au développement rapide et volumineux.

150-400 cm

Schefflera arboricola

Arbre parapluie

voir page 14

Lumière : moyenne pour variété à feuillage vert non panaché
Arrosage : faible
Température : mini 10 °C
Points particuliers : formes diverses, plante à tailler car peu compacte. Sensible aux cochenilles.

50-250 cm

Veitchia merrillii

Adonidia

voir page 78

Lumière : bonne luminosité
Arrosage : fréquent sans excès
Température : mini 15 °C
Points particuliers : croissance rapide, intérêt en simple ou multi-tronc. Sensible aux acariens.

150-800 cm

Washingtonia robusta

Washingtonia du Mexique

voir page 64

Lumière : pleine lumière
Arrosage : fréquent
Température : mini 5 °C
Points particuliers : plante destinée à des espaces importants. Frondaison régulière autour du tronc et compacte ; Sensible aux acariens

80-800 cm

Yucca elephantipes

Yucca-pied d'éléphant

voir pages 41, 85

Lumière : moyenne à faible
Arrosage : faible
Température : mini 10 °C
Points particuliers : plante très résistante et très courante. Les ramifications sont intéressantes sur les sujets adultes.

70-500 cm

Yucca rostrata

voir page 82

Lumière : pleine lumière
Arrosage : très modéré
Température : mini 5 °C
Points particuliers : plante spectaculaire qui s'adapte mal aux installations de longue durée. Dessèchement fréquent du cœur.

100-300 cm

Zamioculcas zamiifolia

Zamia

voir page 25

Lumière : faible
Arrosage : modéré selon la luminosité
Température : mini 10 °C
Points particuliers : Drageonnante, résistante à utiliser en sujet isolé.

50-120 cm

Plantes de terrasses et de patios

Buxus sempervirens

Buis

voir pages 100, 102

Lumière : moyenne à bonne
Arrosage : fréquent
Température : mini – 5 °C (en poterie)
Points particuliers : plante reputée pour ses Formes topiaires. 2 tailles par an et à n'utiliser qu'en extérieur.

30-150 cm

Trachycarpus fortunei

Palmier chanvre, Palmier de Chine

Lumière : bonne
Arrosage : fréquent
Température : mini 0 °C (en poterie)
Points particuliers : palmier très courant qui s'adapte bien à l'intérieur en allongeant ses pétioles. Sensible aux cochenilles.

100-600 cm

Chamaerops humilis

Palmier nain d'Europe

voir page 94

Lumière : bonne à moyenne
Arrosage : faible
Température : mini 5 °C
Points particuliers : palmier sans tronc a développement buissonnant ; très rustique.

50-300 cm

Citrofortunella microcarpa

Calamondin

voir pages 88, 89

Lumière : bonne
Arrosage : régulier
Température : mini 5 °C
Points particuliers : ne convient qu'à des lieux aérés. Veillez à un repos végétatif.

50-250 cm

Laurus nobilis

Laurier

Lumière : moyenne à bonne
Arrosage : régulier
Température : mini 0 °C en pôt
Points particuliers : la plante la plus réputée pour ses taille : tige boule, pyramide, boule. Basse très rustique.

30-300 cm

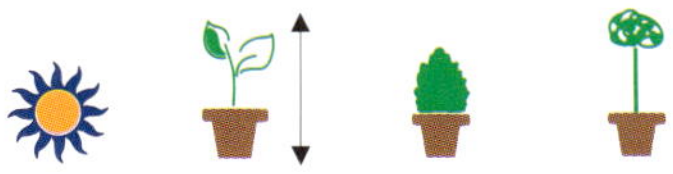

Metrosideros

Arbre de fer

voir page 97

Lumière : bonne
Arrosage : régulier et faible
Température : mini 0 °C
Points particuliers : arbuste buissonnant.

80-200 cm

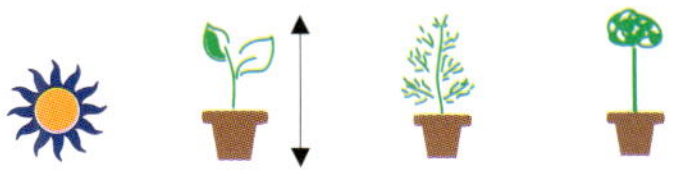

Olea europaea

olivier

voir pages 80, 97

Lumière : pleine lumière
Arrosage : fréquent sans excès
Température : mini 0 °C
Points particuliers : convient à des lieux frais et aéré. Risque de chute de feuilles si manque de lumière et absence d'aération.

50-400 cm

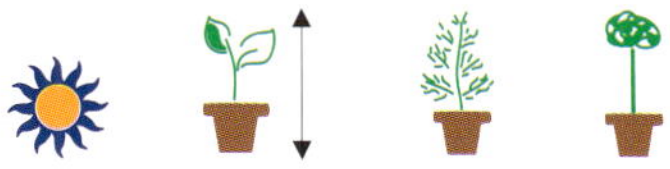

Pittosporum tobira 'Nanum'

Pittosporum

voir page 107

Lumière : bonne
Arrosage : régulier et faible
Température : mini 0 °C
Points particuliers : arbuste buissonnant.

50-100 cm

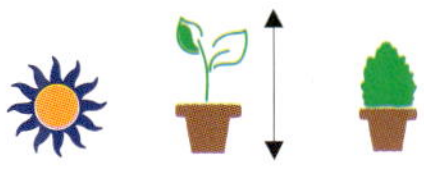

Cactées et succulentes

Crassula ovata

Crassule

Lumière : pleine lumière
Arrosage : faible et régulier
Température : mini 5 °C
Points particuliers : croissance lente, plante à feuilles charnues fragile.

50-150 cm

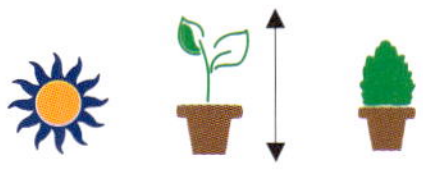

Echinocactus grusonii

Coussin de belle-mère

voir page 56

Lumière : pleine lumière
Arrosage : faible, nul en hiver.
Température : mini 5 °C
Points particuliers : Plante à utiliser en isolé.

30-100 cm

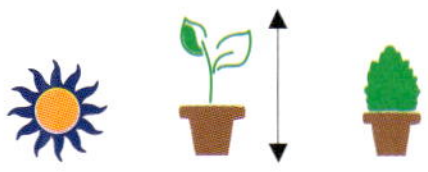

Euphorbia abyssinica

Lumière : pleine lumière
Arrosage : faible
Température : mini 5 °C
Points particuliers : peut avoir un fort développement. Entretien facile.

70-200 cm

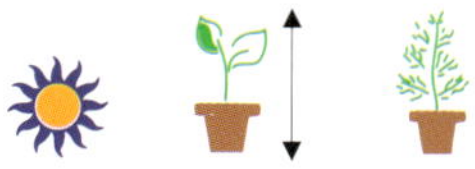

Pachycereus pringlei

voir page 58

Lumière : aime la pleine lumière.
Arrosage : faible
Température : mini 5 °C
Points particuliers : plante colonnaire.

50-250 cm

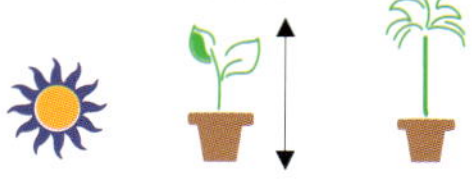

Pachypodium lamerei

Lumière : pleine lumière
Arrosage : modéré
Température : mini 5 °C
Points particuliers : tronc épineux contrastant avec une rosette de feuille à l'extrémité.

40-200 cm

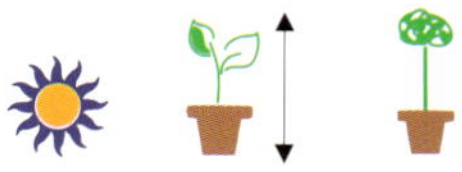

Polaskia chichipe

voir page 77

Lumière : pleine lumière
Arrosage : minimum
Température : mini 5 °C
Points particuliers : forme ramifiée et port tournant sur lui même.

100-200 cm

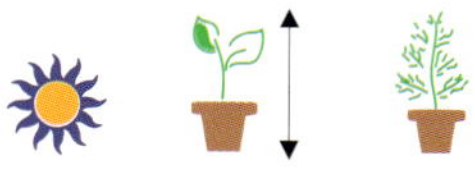

Plantes fleuries

Aechmea

Lumière : moyenne
Arrosage : fréquent en évitant la stagnation de l'eau dans le cœur.
Température : mini 1 °C
Points particuliers : seule l'inflorescence a un interêt décoratif.

80-100 cm

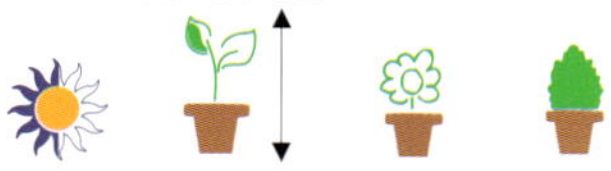

Anthurium

voir page 32

Lumière : bonne à moyenne
Arrosage : régulier sans excès
Température : mini 15 °C
Points particuliers : feuillage vert brillant, fleur rouge vif.

50-100 cm

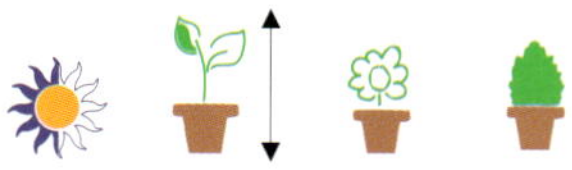

Bougainvillea glabra
Bougainvillée

voir page 32

Lumière : bonne
Arrosage : modéré
Température : mini 5 °C
Points particuliers : plante pour site très aéré. Nécessitant une taille et un repos végétatif.

50-250 cm

Guzmania

Lumière : moyenne
Arrosage : régulier sans excès
Température : mini 10 °C
Points particuliers : Feuillage en rosette, intérêt pour son inflorescence. Plante résistante.

60-80 cm

Spathiphyllum 'Sensation'
Faux arum

Lumière : faible à moyen
Arrosage : régulier
Température : mini 10 °C
Points particuliers : grandes feuilles vert brillant, fleur blanc pur. feuillage fragile.

100-150 cm

Gardenia
Gardénia

Lumière : moyenne
Arrosage : léger et régulier
Température : mini 10 °C
Points particuliers : port arbustif avec fleur odorante

30-100 cm

Medinilla magnifica
Médinilla

voir page 52

Lumière : moyenne
Arrosage : régulier
Température : mini 15 °C
Points particuliers : floraison spectaculaire et retombante rose vif. Plante délicate.

50-100 cm

Strelitzia reginae
Oiseau de paradis

Lumière : pleine lumière
Arrosage : sans excès
Température : mini 5 °C
Points particuliers : feuillage sans intérêt mais fleur exotique colorée.

100-150 cm

Les auteurs ...

Sander Kroll est hollandais. Il a commencé sa carrière dans l'architecture de jardin et le paysage. En 1987, après ses études et plusieurs années d'expérience dans ce secteur, il décide de s'orienter vers la vente de plantes tropicales. Trois ans plus tard, en 1990, il fonde sa propre société, Ki Plant International, installée à Aalsmeer.

Joop Hüner est également hollandais. Il a commencé à travailler dans la société de Sander Kroll en 1998, apportant son expérience dans la vente et dans la mise en place de grandes plantes pour des projets nationaux ou internationaux.

De très nombreux experts ont également participé à la genèse de ce livre. C'est ainsi que, pour la première fois, une gamme complète de grandes plantes a pu être présentée avec des illustrations dans un environnement d'habitations et de lieux de travail.

L'édition française a été traduite et adaptée de l'anglais par des professionnels français, membres du Syndicat national des paysagistes d'intérieur (SNPI). En particulier, les fiches de culture des pages 126 à 137 ont été volontairement complétées afin de faire de cet ouvrage un outil utile et pratique. Nous tenons à remercier particulièrement ceux qui ont participé à cette adaptation : Marcelin Nevers, Bernard et Gérard Pontet, Pierre Celle et Xavier Laureau.

Adresses des paysagistes d'intérieur en France

Floraconcept — Jean-François Argène

10, place de la Joliette - Les Docks - Atrium 103 - 13002 Marseille - tél. : 04 91 90 37 52 - fax : 04 91 90 37 13 - www.floraconcept.com - mel : marseille@floraconcept.com

Le Notre sarl — Patrick Roubaud

120, chemin de Morgiou - 13009 - Marseille - tél. : 04 91 40 22 41 - fax : 04 91 40 22 43 - www.roubaud.net - mel : roubaud@wanadoo.fr

Florabora — Sylvie Faivre - Jean-Marc Simon

Chemin de la Pradelaine - 34970 Lattes-Maurin - tél. : 04 67 15 11 01 - fax : 04 67 15 11 77

Hydro Décor — Philippe Duchene & Eric Fombeur

6, allée Panhard et Levassor - ZI Saint-Malo - 37320 Esvres-sur-Indre - tél. : 02 47 26 54 26 - fax : 02 47 26 54 45 - www.hydrodecor.com - mel : hydrodecor@wanadoo.fr

Société Dequippe — Michel Dequippe

29, rue des Champs Renaudin - 44400 Rezé - té. : 02 40 75 26 56 - fax : 02 40 75 02 40 - mel : dequippe@wanadoo.fr

L'atelier floral — Geneviève Chaudet

7, rue Edmond Canelle - ZAC du Moulin Marcille - 49130 Les Ponts-de-Cé - tél. : 02 41 69 19 90 - fax : 02 41 69 19 68 - mel : info@atelier-floral.com

L'horizon Vert — Philippe Collin

7, rue Moulin - 57530 Maizeroy - tél. : 03 87 64 26 51 - fax : 03 87 64 10 07

Tendance verte — Paul-André Subtil

85, chemin de l'Hommée - 69530 Orlienas - tél. : 04 72 31 06 54 - fax : 04 78 05 11 86

Décotropic — Mme Badda

Parc d'activités du Rosenmeer - BP 19 - 67560 Rosheim - tél. : 03 88 50 40 73 - fax : 03 88 50 75 43 - mel : decotropic@wanadoo.fr

Jardin d'Intérieur — Armelle Mona

14, allée Gluck - 68200 Mulhouse- tél. : 03 89 43 80 42 - fax : 03 89 43 69 65 - www.jardin-dinterieur.com - mel : contact@jardin-dinterieur.com

Ambiance florale — Guy-Patrick Gruffaz

Route de Lozanne - BP 15 - 69890 La Tour de Salvagny - tél. : 04 78 43 56 38 - fax : 04 78 43 56 96 - mel : ambiance-florale@wanadoo.fr

La décoration florale (groupe Tarvel) — Xavier Levrat

6, rue Maximilien Robespierre - BP 65 - 69511 Vaux-en-Velin - tél. : 04 78 79 39 36 - fax : 04 78 79 39 05 - mel : j-m.jacquemet@tarvel.fr

Hortiflor-Duvinage — Michel Duvinage

454, rue d'Anse - 69400 Villefranche-sur-Saône - tél. : 04 74 65 44 27 - fax : 04 74 68 70 02 - mel : hortiflor-duvinage@wanadoo.fr

Nature — Paul Gouttenoire

Chemin d'Espeïsse - 69390 Vourles - tél. : 04 78 05 13 93 - fax : 04 72 31 65 84 - mel : nature-pg@wanadoo.fr

Polygone vert — François Brunet-Lecomte

Route d'Irigny - BP 40 - 69530 Brignais - tél. : 04 72 31 54 27 - fax : 04 72 31 54 91

Ambiance Florale — Françis Leclere

1, avenue des 3 Peuples - 78180 Montigny-le-Bretonneux - tél. : 01 30 43 51 61 - fax : 01 30 96 08 75 - www.ambiance-florale.com

Les Jardins de Gally / Gally Location — Xavier Laureau

Ferme de Vauluceau - 78870 Bailly - tél. : 01 39 63 43 00 - fax : 01 39 63 48 48 - www.gally.com - mel : jardinsdegally@gally.com

Vertdéco — Olivier Bedouelle

13, rue du Port-Royal - 78470 Saint-Lambert-des-Bois - tél. : 01 39 44 99 33 - fax : 01 39 44 99 39 - www.vertdeco.fr - mel : bedouelle@vertdeco.fr

Les Jardins d'Olivier — Olivier Ducas

73, avenue Georges Clémenceau - 78500 Sartrouville - tél. : 01 39 14 72 52 - fax : 01 39 15 48 08 - mel : lesjardinsdolivier@wanadoo.fr

Aquaplant — Richard Tuot

59, rue de la Chapelle - 80710 Quevauvillers - tél. : 03 22 90 81 37 - fax : 03 22 90 81 10 - mel : service-commercial@aquaplant.fr

Hydroflor Midi-Pyrénées

26, boulevard du 4 septembre - BP 137 - 82104 Castelsarrasin cedex - tél. : 05 61 09 27 36 - fax : 05 61 09 13 29 - mel : hydroflor@waika9.com

Poitou Hydroculture — Stéphane Cothet

ZI de la Naurais-Bachaud - 86530 Naitre - tél. : 05 49 90 75 31 - fax : 05 49 90 57 97 - www.poitou-hydro.com - mel : poitou-hydro@wanadoo.fr

L'Orangerie Nature et Décors — José Dos Santos

10, rue de la Forêt - 91630 Avrainville - tél. : 01 60 82 1 11 - fax : 01 60 82 10 20 - www.orangerie-nd.fr - mel : ond@orangerie-nd.fr

Sede Chloroville — David Sztabholz

13, rue Jean-Pierre Timbaut - 95100 Argenteuil - tél. : 01 34 11 41 00 - fax : 01 34 11 41 11 - mel : davidsztabholz@axoma.fr

Manière — Jacques Manière

39, rue de Montigny - BP 95 - 95100 Argenteuil cedex - tél. : 01 39 98 56 56 - fax : 01 39 98 56 40 - mel : maniere@maniere.fr

Green Plus — Walter de Bie

«Le Copori» - 9, avenue Prince Héréditaire Albert - MC 98000 Monaco - tél. : 00 377 92 05 68 20 - fax : 00 377 92 05 28 63 - mel : greenplus@greenplus.com

Syndicats professionnels et centre de formation

SNPI (Syndicat National des Paysagistes d'Intérieur) — Bertrand Méric

10, rue Saint-Marc - 75002 Paris - tél. : 01 42 33 18 82 - fax : 01 42 33 56 86 - www.paysagistes-interieur.com - mel : info@paysagistes-interieur.com

UNEP

10, rue Saint-Marc - 75002 Paris - tél. : 01 42 33 18 82 - fax : 01 42 33 56 86 - www.unep-fr.org - mel : unep-siegel@wanadoo.fr

CFPPAH (Saint-Germain-en-Laye) — Marc Joumier

Route forestière des Princesses - 78100 Saint-Germain-en-Laye - tél. : 01 30 87 18 40 - fax : 01 34 51 81 87 - mel : cfppah-st-germain-en-laye@educagri.fr

INDEX